UN ESSAI

DE

RÉFORME ADMINISTRATIVE

EN ALGÉRIE

PAR

E. ROUARD DE CARD

PROFESSEUR À L'ÉCOLE SUPÉRIEURE DE DROIT D'ALGER

PARIS

BERGER-LEVRAULT ET Cⁱᵉ, LIBRAIRES-ÉDITEURS

5, RUE DES BEAUX-ARTS, 5

MÊME MAISON À NANCY

1881

UN ESSAI

DE

RÉFORME ADMINISTRATIVE

EN ALGÉRIE

PAR

E. ROUARD DE CARD

PROFESSEUR A L'ÉCOLE SUPÉRIEURE DE DROIT D'ALGER

PARIS

BERGER-LEVRAULT ET Cie, LIBRAIRES-ÉDITEURS

5, RUE DES BEAUX-ARTS, 5

MÊME MAISON A NANCY

—

1881

(*Extrait de la* REVUE GÉNÉRALE D'ADMINISTRATION)

UN ESSAI

DE

RÉFORME ADMINISTRATIVE EN ALGÉRIE

En France, depuis plusieurs années, on fait à notre administration un reproche qui, formulé parfois avec quelque exagération, renferme cependant une part de vérité. On prétend que le personnel administratif se montre inférieur à sa mission : si, dit-on, il ne commet pas de fautes graves, au moins ne cherche-t-il pas à servir la cause du public en rendant l'expédition des affaires plus simple et plus rapide.

Cet état de choses, qu'on signale fréquemment dans les journaux et dans les discussions parlementaires, provient de diverses causes dont les principales apparaissent au premier examen.

D'abord, le grand nombre des emplois rend plus rare pour chaque individu l'occasion d'accomplir un travail sérieux et par conséquent de développer utilement ses facultés [1].

A ce premier vice de notre organisation viennent s'ajouter les inconvénients d'un système d'avancement dans lequel l'ancienneté est trop souvent prise en considération. De là il résulte que les jeunes gens, animés au début de très-bonnes dispositions, quittent peu à peu toutes leurs espérances et s'abandonnent au découragement.

Il faut aussi reconnaître qu'aux divers degrés de la hiérarchie n'existe pas toujours la notion exacte de la responsabilité, qui seule peut développer l'initiative individuelle.

Toutes ces causes doivent, sans doute, être soigneusement relevées,

---

1. La réduction du personnel permettrait d'augmenter les traitements, qui sont à notre époque véritablement dérisoires.

mais l'origine du mal remonte plus haut : elle est dans le mode actuel de recrutement, qui nous paraît absolument défectueux. L'entrée dans les carrières administratives est trop facile ; elle n'est pas subordonnée à des conditions assez étroites. Si, en effet, les règlements relatifs à cet objet se préoccupent beaucoup de l'âge et de la nationalité du candidat, en retour, ils n'indiquent aucun moyen de vérifier sa capacité.

Sans doute, des arrêtés ministériels ont cherché à combler cette lacune en fixant des programmes d'après lesquels doivent être interrogés les aspirants à certains emplois. Malheureusement, ces épreuves, qui sont subies à l'intérieur des bureaux et sans publicité effective, ne présentent pas un niveau très-élevé et tendent à favoriser le népotisme. Aussi l'on peut dire que très-souvent la garantie d'un examen sérieux fait complétement défaut. Cette assertion n'est pas avancée à la légère, elle est confirmée par les faits. Il suffit de se livrer à quelques recherches de statistique sur ce point pour arriver à des résultats qui sont véritablement saisissants.

Ainsi, sur un total de 9,700 emplois et fonctions civils,

on compte : . . . . . 4,110 emplois et fonctions pour lesquels le diplôme de licencié en droit est exigé.

— 1,400 emplois et fonctions pour lesquels un examen technique est établi.

Total. . . . . 5,510 emplois et fonctions civils dont l'accès n'est ouvert qu'après une épreuve sérieuse.

Donc : . . . . 4,190 emplois et fonctions civils pour lesquels cette condition fait défaut.

Les emplois et fonctions pour lesquels le diplôme de licencié en droit est exigé se répartissent entre les ministères suivants : .

- Ministère de la justice.
- Ministère des affaires étrangères [1].
- Ministère de l'intérieur et des cultes.
- Ministère des finances.

Les emplois et fonctions pour lesquels un examen technique est établi se rattachent aux services administratifs suivants : . . . .

- Ponts et chaussées.
- Mines.
- Eaux et forêts.

1. Pour le ministère des affaires étrangères, le décret du 10 juillet 1880 établit un concours d'admission analogue à celui qui assure le recrutement de l'auditorat du Conseil d'État.

D'après ce même décret, les attachés surnuméraires doivent accomplir un stage de trois ans et subir ensuite un examen de classement. (*Revue générale d'administration*, numéro de mars 1881, p. 369 et suiv.)

En face de ces chiffres[1], on ne doit pas s'étonner si certains fonctionnaires de l'ordre administratif manquent de connaissances spéciales. C'est là une conséquence nécessaire du système qui a toujours été suivi en France. Comment, en effet, un homme même très-intelligent pourrait-il, sans études préparatoires, être en mesure de trancher des questions si délicates qui mettent en jeu tous les principes de notre droit public? Il faut bien se rendre à l'évidence et reconnaître en ce point la nécessité d'une réforme. C'est, du reste, en ce sens que se prononce énergiquement l'opinion publique.

Durant ces dernières années, tous les esprits avisés ont compris qu'il était urgent de rompre avec le passé et d'entrer résolûment dans une voie nouvelle. Aussi, dans les assemblées politiques et dans les sociétés savantes[2], chacun s'est mis à l'œuvre et a cherché le remède. Le Sénat et les Facultés de droit ont songé à organiser un enseignement des sciences administratives et politiques pour donner satisfaction aux besoins nouveaux. On a vu surgir bientôt plusieurs systèmes qui ont été défendus et attaqués avec une grande ardeur.

Quelques publicistes ont réclamé la création d'une école d'administration semblable à celle qui fut établie en 1848[3]. D'autres, dirigés par une pensée plus libérale et hostiles à toute espèce de mandarinat administratif, ont emprunté à l'Allemagne l'idée d'une Faculté des sciences d'État[4]. Enfin, certains qui redoutent les innovations, ont demandé simplement l'établissement d'une section politique et administrative dans les Facultés de droit[5].

Nous n'avons pas l'intention d'examiner ces divers projets ; une pareille étude nous entraînerait trop loin. Nous nous bornons à constater que ces discussions, qui offrent un grand intérêt, n'ont point cependant donné de résultats pratiques. Jusqu'à ce jour, aucune décision n'a été prise par le Gouvernement et tout va comme par le passé.

---

1. Ces renseignements nous ont été fournis, avec une extrême obligeance, par M. Joulin, directeur de la manufacture des poudres et salpêtres de Toulouse, maître de conférences à la Faculté des sciences.

2. L'Académie des sciences morales et politiques a, dans diverses séances, traité ce grave sujet.

3. M. Carnot, dans une proposition de loi présentée au Sénat en 1876, conclut en ce sens.

4. M. Brisson, dans la commission du budget de 1882, a combattu la théorie d'une école fermée à propos du rachat par l'État de l'École libre des sciences politiques.

5. Telle est l'idée dominante d'un contre-projet inspiré par M. de Parieu qui fut adopté par la commission du Sénat et soumis à l'examen des Facultés de droit.

Pourquoi donc tant d'efforts louables sont-ils restés infructueux? Voici, suivant nous, la raison : le problème a été mal posé, aussi n'a-t-il pas encore reçu une solution satisfaisante. L'initiative, en cette matière, devait être prise non par les corps savants, mais par l'administration directement intéressée. Il était naturel de faire élaborer le plan de réforme dans les bureaux et non dans les Facultés de droit. On a eu le tort de voir uniquement une question d'enseignement là où il s'agissait avant tout d'une réorganisation complète des services administratifs. On s'est occupé beaucoup de l'ouverture d'une école spéciale ou de la rédaction des programmes, mais on n'a point déterminé l'utilité immédiate de toutes ces créations.

Il convenait cependant de bien s'entendre sur le but des examens qu'on voulait instituer. Quels fonctionnaires devraient justifier de connaissances techniques et subir une épreuve sérieuse? C'était là la question capitale qui tout d'abord devait être étudiée avec soin et tranchée par les hommes compétents. Sous ce rapport, il était nécessaire d'établir une grande division entre les divers emplois. Une classification qui nous paraît rationnelle est celle qui sépare, par une ligne de démarcation très-nette, les emplois subalternes et les emplois supérieurs. Tandis que pour les premiers une instruction moyenne peut paraître suffisante, l'accès des seconds doit, au contraire, être rendu difficile. Nul ne doit être admis aux emplois supérieurs sans un mérite réel et un savoir solide. Quelle que soit l'ancienneté des services, l'obtention d'un diplôme devient alors nécessaire.

En quoi consistera cette épreuve? Quelle sera son importance? Sur quelles matières et par quel jury seront interrogés les candidats? Dans quelle école sera enseigné et développé le programme qui doit répondre aux besoins de la vie pratique? Pour résoudre d'une façon heureuse toutes ces difficultés secondaires, il faut avoir un point de départ bien déterminé.

Telle est la manière de procéder qui seule est conforme à la logique. Cette méthode si simple n'a cependant pas été suivie, de là les tâtonnements et les hésitations. En définitive, on a commencé par où l'on devait finir; voilà pourquoi on s'est perdu dans le vague. La justesse de ces observations se trouve démontrée par une expérience récente.

En Algérie, encore plus qu'en France, on a compris que le moment était venu d'améliorer le personnel administratif. Comment, en effet, dans une colonie un fonctionnaire peut-il jouer un rôle utile, s'il

ignore absolument la civilisation des populations indigènes? Ne doit-il
pas connaître la législation française et, en outre, avoir « une certaine
« notion de la religion, de la langue, des mœurs et de l'organisation
« sociale de chacune des races soumises à notre empire »[1] ?

Cette nécessité universellement reconnue rendait indispensable une
réforme : le système vicieux d'après lequel l'administration algérienne
se recrutait depuis la conquête devait être abandonné. Il convenait
désormais de réserver les fonctions publiques aux jeunes gens qui, par
des études solides, s'étaient préparés au maniement des affaires. Dans
cette pensée a été rendu le décret du 8 janvier 1881, qui institue des
certificats d'études de droit administratif, de législation algérienne et
de coutumes indigènes.

Ces certificats, obtenus après examen, étaient destinés à éclairer
le Gouvernement sur la valeur des candidats. Il importait donc,
avant tout, d'énumérer les emplois pour lesquels ces diplômes seraient
à l'avenir exigés. Néanmoins, sur ce point si important, les ministres
et le gouverneur général de l'Algérie ont gardé un silence absolu.
Dès lors, on peut se demander quelle est la valeur du nouveau décret. Croit-on que les jeunes gens seront disposés à suivre des cours
et à comparaître devant un jury pour obtenir un titre purement hono-
rifique qui suscitera contre eux mille jalousies? Ne voit-on pas qu'ils
préféreront entrer sans retard dans l'administration et attendre avec
patience un avancement certain? Pourquoi, en effet, feraient-ils des
sacrifices de temps et d'argent dans le seul but de conquérir une
situation qui leur est assurée sans aucun effort? En définitive, on est
tombé dans l'erreur que nous avons signalée plus haut : on a, suivant
un proverbe qui rend toute notre pensée, mis la charrue devant les
bœufs. Aussi l'innovation n'a pas été accueillie avec un grand enthou-
siasme. Dans cette dernière année, l'École de droit d'Alger a délivré
seulement deux diplômes spéciaux. Ce mince résultat montre assez
qu'on a fait fausse route.

Néanmoins, malgré toutes les imperfections que rendait inévitables
le défaut de plan, la réforme administrative tentée en Algérie constitue
un progrès : à ce titre, elle mérite l'attention. Nous allons donc étudier
le décret du 8 janvier 1881 dans son origine et ses dispositions essen-

---

1. Rapport fait par M. de Rozière au nom de la commission nommée par le
Sénat pour examiner le projet de loi sur l'organisation de l'enseignement supérieur en Algérie.

tielles; cela fait, nous pourrons, en connaissance de cause, formuler nos critiques et donner nos conclusions.

I.

HISTORIQUE DU DÉCRET.

Le 17 décembre 1877, M. Paul Bert présentait, à la Chambre des députés, une proposition de loi [1] sur l'enseignement supérieur en Algérie qui contenait un article ainsi conçu :

« L'école secondaire de droit décerne un certificat spécial en droit « administratif, législation algérienne et droit musulman suivant des « conditions déterminées par un arrêté du ministre de l'instruction « publique[2]. » Le savant professeur précisait le sens de cette disposition dans les termes suivants : « L'école secondaire de droit décerne- « rait un autre certificat, lui aussi de création nouvelle, sur lequel « quelques mots d'explication sont nécessaires. Il aurait pour objet de « faire preuve de connaissances en droit administratif algérien et en « droit musulman, si bien que le ministre de la justice, le ministre de « l'intérieur, le gouverneur général et peut-être même le ministre de « la guerre pourraient trouver utile de l'exiger pour l'admission à « certaines catégories de fonctions publiques[3]. »

M. Paul Bert venait de déposer sa proposition lorsque parut un projet de loi qui était présenté au nom du Gouvernement par M. Bardoux, ministre de l'instruction publique, et qui portait création d'écoles préparatoires à l'enseignement supérieur en Algérie[4]. Dans ce document, on retrouvait l'idée d'un certificat spécial en droit administratif et en coutumes indigènes [5].

Par suite d'une entente, la proposition et le projet de loi qui avaient trait au même objet, furent réunis et soumis en même temps à une

---

1. *Journal officiel*. Annexe de la Chambre des députés, n° 236.

2. Voyez l'article 7 de la proposition.

3. Voyez l'exposé des motifs de la proposition de loi. (*Journal officiel*, annexe de la Chambre des députés, n° 236.)

4. Projet de la loi déposé à la Chambre des députés le 8 février 1878. (*Journal officiel.*)

5. Art. 3, § 2, du projet de loi.

commission nommée par la Chambre des députés. M. Paul Bert, chargé du rapport, montra les avantages du diplôme nouveau par les arguments qu'il avait indiqués dans son exposé des motifs [1].

Cette manière de voir fut suivie par M. de Rozière qui, devant le Sénat, s'exprimait ainsi : « Ces diplômes et certificats répondent à l'une des « convenances les plus fréquemment signalées par l'administration en « permettant à des carrières modestes et secondaires de se recruter sur « place [2]. »

Ces diverses considérations très-justes déterminèrent le vote de la disposition relative au certificat spécial qui fut insérée dans l'article 3 de la loi du 20 décembre 1879 sur l'enseignement supérieur en Algérie [3].

Le législateur établissait bien en principe un diplôme spécial en droit administratif et en coutumes indigènes, mais il laissait au ministre de l'instruction publique le soin de déterminer par un arrêté les conditions de l'examen. Cet acte ministériel, qui devait régler tous les détails, tarda quelque temps à paraître. On se contenta d'abord d'instituer à l'École de droit d'Alger deux chaires : l'une de droit administratif et constitutionnel et l'autre de législation algérienne et de coutumes indigènes [4].

Au mois d'avril 1880, le ministre de l'instruction publique invita par dépêche le recteur de l'Académie d'Alger à désigner les membres d'une commission qui serait chargée de préparer un projet de règlement relatif au certificat spécial. Cette commission [5], dans laquelle

---

1. *Journal officiel*. Annexe de la Chambre des députés, n° 820. Rapport de M. Paul Bert au nom de la commission chargée d'examiner : 1° le projet de loi portant création d'écoles préparatoires à l'enseignement supérieur en Algérie ; 2° la proposition de M. Paul Bert sur l'organisation de l'enseignement supérieur en Algérie.

2. Rapport déposé au Sénat par M. de Rozière. (*Journal officiel*. Annexe du Sénat, n° 301.)

3. Le projet de loi présenté par le Gouvernement, le 8 février 1878, portant création d'écoles préparatoires à l'enseignement supérieur en Algérie, fut voté par la Chambre des députés dans les séances du 18 février et du 11 mars 1879, puis adopté par le Sénat, après avoir été modifié sur deux points, dans les séances du 17 juillet et 2 août 1879 ; enfin, voté définitivement par la Chambre des députés, il devint la loi du 20 décembre 1879.

4. Voyez le décret du 10 janvier 1880, art. 1er. — Ce décret confiait au même professeur l'enseignement des coutumes indigènes et de la législation algérienne, qui dans la suite ont fait l'objet de deux cours distincts.
Rapport sur la situation et les travaux de l'École de droit pendant l'année scolaire 1879-1880, par M. Estoublon, directeur de l'École.

5. Cette commission était composée de MM. Belin, recteur de l'Académie, *pré-*

étaient représentés le gouvernement général, la préfecture d'Alger et l'École de droit, se réunit à Alger et, en deux séances, termina ses travaux. Ses résolutions étaient inspirées par une pensée assez sage : elle voulait, « au début de l'institution, encourager les jeunes gens à « rechercher le certificat spécial, afin de faciliter le recrutement des « divers services administratifs ». Aussi se montrait-elle favorable à un programme très-simple qui comprenait uniquement les connaissances essentielles. Du reste, elle réservait l'avenir, en déclarant qu'on pourrait dans la suite, si le nombre des candidats devenait assez considérable, rendre l'épreuve plus difficile.

Ce projet de règlement fut soumis au Conseil supérieur de l'instruction publique et devint l'objet d'un rapport. Dans son exposé, le rapporteur faisait remarquer avec beaucoup de justesse que, dès le principe, la question avait été mal présentée. Il pensait qu'avant de déterminer les conditions de l'examen, « il était indispensable d'arrêter « le caractère qu'on entendait donner au certificat ».

Il montrait que sur ce dernier point l'entente ne paraissait pas encore établie et qu'on se trouvait en présence de deux systèmes opposés. « Dans la pensée des auteurs de la loi de 1879, telle qu'elle « résulte, disait-il, du rapport de M. Paul Bert à la Chambre des dé- « putés et de celui de M. de Rozière au Sénat, le certificat spécial « devait être d'un ordre assez élevé. Il devait être exigé des fonction- « naires publics que la métropole envoie en Algérie, et qui, pour bien « remplir leur mission, devraient ajouter aux connaissances générales « que suppose la fonction, les connaissances spéciales que suppose le « pays où ils vont l'exercer : législation algérienne, coutumes indi- « gènes, démographie locale, etc. Dans cette manière de voir, l'examen « ne serait accessible qu'à ceux qui justifient d'études antérieures « sérieuses, des diplômes ouvrant la carrière des fonctions publiques; « il appartenait aux ministres compétents de la justice, de l'intérieur « et de la guerre de déterminer les fonctions pour lesquelles le certi- « ficat spécial serait exigé.

« Dans la pensée du gouvernement général de l'Algérie, telle qu'elle « résulte de plusieurs lettres et notamment d'un projet de règlement « préparé par une commission où étaient représentés le gouverneur

« général, le préfet d'Alger, l'administration académique et l'École de
« droit d'Alger, le caractère du certificat serait tout autre [1]. Le diplôme
« serait exigé des candidats aux divers emplois dans l'administration
« locale, afin d'en élever un peu le recrutement sans cependant l'en-
« traver ; l'examen représenterait assez exactement, pour les services
« administratifs algériens, les concours auxquels, en France [2], les di-
« verses administrations soumettent ceux qui veulent y être admis.
« Dans cette manière de voir, il appartiendrait non plus aux différents
« ministres, mais au gouverneur général ou aux chefs de ces services,
« de déterminer les emplois pour lesquels le certificat serait exigé ;
« l'examen serait largement accessible. C'est le point de vue auquel se
« sont placés les rédacteurs des projets de règlement soumis à vos
« délibérations....

« Laquelle de ces deux manières de comprendre le certificat répond
« le mieux aux besoins actuels de notre colonie algérienne? Pour le
« dire avec quelque sûreté, il faudrait peser des considérations diverses
« qui ne sont pas de notre compétence. » Le rapporteur concluait en
disant : « Il serait utile que M. le ministre se concertât, à cet égard,
« avec ses collègues de la justice, de l'intérieur et de la guerre, ainsi
« qu'avec le gouverneur général de l'Algérie ; ce n'est qu'ensuite que
« le Conseil supérieur pourra être utilement saisi du projet de règle-
« ment relatif au certificat spécial. »

Ces observations déterminèrent le ministre de l'instruction publique
à consulter de nouveau la commission instituée à Alger. Après examen
du rapport fait au Conseil supérieur, les membres de cette commission
déclarèrent qu'ils persistaient dans leur premier sentiment et qu'ils
maintenaient toutes leurs résolutions [3].

A la suite de ces travaux préparatoires, auxquels n'avaient pas toujours présidé l'ordre et la clarté, intervint, sur les avis du Conseil supérieur de l'instruction publique et du Conseil d'État, le décret du 8 janvier 1881 que nous allons maintenant examiner d'une façon rapide.

---

1. Le rapporteur n'a pas, suivant nous, bien compris les idées de la commission,
qui désirait uniquement ménager la transition et qui était disposée à élever peu
à peu le niveau de l'examen.

2. Ces concours existent aussi en Algérie. Un arrêté, en date du 25 janvier
1878, complétant l'arrêté du 31 décembre 1877, institue à Alger, une commission
unique chargée de procéder, chaque année, à l'examen des candidats au grade
de commis principal dans l'administration départementale.

3. Séance de la commission du 29 juin 1880.

II.

PRINCIPALES DISPOSITIONS DU DÉCRET.

Les auteurs du décret du 8 janvier 1881 [1] semblent avoir combiné dans une certaine mesure les deux systèmes qui avaient été indiqués par le rapporteur au sein du Conseil supérieur de l'instruction publique. Ils établissent pour l'Algérie un double certificat : un certificat d'études de droit administratif et de coutumes indigènes et un certificat supérieur d'études de législation algérienne et de coutumes indigènes.

Pour le premier diplôme, ils adoptaient, en général, les idées de la commission instituée à Alger, mais ils s'en écartaient sensiblement en créant le second qui donne satisfaction à d'autres tendances. Nous allons étudier successivement ces deux certificats, en groupant les diverses dispositions du décret.

I. — Certificat d'études de droit administratif et de coutumes indigènes.

A. — *Conditions exigées des candidats.* — Pour être admis à subir l'examen, il faut réunir quatre conditions (art. 2 et 3) :

1° Être âgé de dix-sept ans accomplis au moment de l'examen ;

2° Avoir suivi, pendant une année, à l'École supérieure de droit d'Alger [2], les cours de droit administratif, de législation algérienne [3] et de coutumes indigènes [4] ;

---

1. *Officiel* du 9 janvier 1881.

2. Cette école, fondée par la loi du 20 décembre 1879, décerne : 1° le diplôme de bachelier en droit ; 2° le certificat de capacité en droit ; 3° le double certificat spécial (art. 1, 2, 3, § 2).

Le décret du 10 janvier 1880 a institué huit chaires (art. 1er). Des cours complémentaires ont été créés depuis, en vertu de l'article 2 de ce décret.

3. Cette législation spéciale à l'Algérie, qui s'est établie peu à peu, suivant les besoins du moment, a sa source dans les lois, décrets, ordonnances, sénatus-consultes et arrêtés des gouverneurs généraux : elle renferme des dérogations nombreuses et importantes au droit de la métropole.

On peut consulter le *Dictionnaire de la législation algérienne,* de M. de Ménerville et le *Code de la législation algérienne,* par M. Saulayra.

Un cours de législation algérienne a été créé à l'École de droit d'Alger.

4. Ces coutumes indigènes sont les coutumes applicables aux populations musulmanes. D'après le sénatus-consulte du 14 juillet 1865 (art. 1er), l'indigène

3° Avoir pris quatre inscriptions à cette même École ;

4° Justifier d'études antérieures suffisantes. Quant à cette justification, le décret distingue entre les Français et les indigènes [1]. Les Français doivent produire soit l'un des baccalauréats, soit le certificat d'examen de grammaire, soit le brevet de capacité d'instituteur primaire, soit le diplôme d'études de l'enseignement secondaire spécial (art. 3, § 1). Pour les indigènes, on se montre plus facile : à défaut d'autre diplôme, ils doivent seulement subir, devant une commission nommée par le recteur de l'Académie, un examen écrit et un examen oral, constatant une connaissance assez grande de la langue française (art. 3, §§ 2, 3, 4).

Ces conditions se retrouvent dans le projet de la commission algérienne qui avait voulu rendre le certificat spécial accessible à tous les jeunes gens ayant une instruction moyenne. Notons qu'à la différence du projet de règlement, le décret ne donne plus aux étrangers la faculté d'obtenir un diplôme qui est destiné à assurer le recrutement de l'administration française.

B. — *Programme de l'examen.* — L'examen pour l'obtention du certificat d'études de droit administratif et de coutumes indigènes comprend une épreuve écrite et une épreuve orale.

Nul n'est admis aux épreuves orales si l'épreuve écrite n'a mérité au moins 10, le maximum étant 20. Cette épreuve est faite en quatre heures : elle consiste en une composition sur une des matières qui font partie de l'examen oral (art. 4).

La nécessité d'une composition écrite avait été reconnue par la com-

---

musulman est Français, mais il continue à être régi par la loi musulmane. La loi du 26 juillet 1873, sur l'établissement et la conservation de la propriété en Algérie, consacre la même idée dans son article 7 : « Il n'est point dérogé par la présente loi au statut personnel, ni aux règles des successions des indigènes entre eux. »

On peut consulter le *Traité du statut personnel et des successions en droit musulman,* par M. Saulayra.

Il existe à l'École de droit d'Alger un cours de coutumes indigènes.

Remarquons que les indigènes israélites sont devenus citoyens français en vertu du décret du 24 octobre 1870. Leur statut personnel est dès lors régi non par la loi mosaïque, mais par la loi française.

1. D'après l'article 1er, § 2, du sénatus-consulte du 14 juillet 1865, l'indigène musulman peut être appelé à des fonctions et emplois civils en Algérie. Un tableau annexé au décret du 21 avril 1866 donne la liste des services publics dont l'accès leur est ouvert. Consultez aussi le décret du 24 octobre 1870 qui modifie l'article 10, § 1, du décret du 21 avril 1866.

mission instituée à Alger. Il convient, en effet, d'exiger certaines qualités de rédaction des jeunes gens qui veulent entrer dans l'administration.

L'épreuve orale consiste en quatre interrogations :

1° Sur le droit administratif[1];

2° Sur la législation algérienne;

3° Sur les coutumes indigènes;

4° Sur l'une des matières précédentes, au choix du quatrième examinateur[2].

Chaque interrogation donne lieu à une note variant de 0 à 20. Le minimum des points pour être admis est de 40. La nullité sur l'une des matières entraîne l'ajournement, qui ne peut cependant être prononcé qu'après délibération spéciale du jury (art. 6 et 15).

Ce programme peu étendu est celui qui avait été adopté définitivement par la commission algérienne. Quelques membres avaient proposé d'ajouter des notions élémentaires sur les diverses branches du droit. Cette addition, quoique jugée fort avantageuse, fut repoussée : on pensa que la multiplicité des matières aurait pour conséquence d'effrayer les jeunes gens et d'abaisser le niveau de l'examen[3].

C. — *Composition du jury.* — Le jury est composé de quatre examinateurs. Le directeur de l'École est de plein droit membre et président du jury. En cas d'empêchement, il peut déléguer un professeur pour le remplacer (art. 7).

D. — *Droits d'examen.* — Les droits d'examen pour le certificat d'études de droit administratif et de coutumes indigènes sont les mêmes que pour le certificat de capacité en droit (art. 8).

---

1. Les licenciés en droit sont interrogés sur le droit administratif : ils ne jouissent à cet égard d'aucune faveur. La commission algérienne avait aussi admis cette solution.

2. L'adjonction d'un quatrième examinateur a pour but de rendre l'examen plus approfondi.

3. Un membre de la commission voulait astreindre les candidats à suivre les cours de géographie à l'École des lettres et à produire un certificat d'assiduité délivré par le professeur. Cette proposition fut écartée pour les mêmes motifs.

II. — Certificat supérieur d'études de législation algérienne et de coutumes indigènes.

A. — *Conditions exigées des candidats.* — Les auteurs du décret se montrent ici plus exigeants. L'examen pour le certificat supérieur est accessible uniquement aux titulaires du certificat simple et aux licenciés en droit (art. 9). On a eu la pensée d'organiser une sorte de doctorat en droit algérien et musulman. C'est bien là le certificat d'un ordre assez élevé qui, suivant le rapport fait au Conseil supérieur de l'instruction publique, devait être exigé des fonctionnaires publics envoyés par la métropole en Algérie.

B. — *Programme de l'examen.* — L'examen comprend une épreuve écrite et une épreuve orale (art. 10).

L'épreuve écrite consiste en deux compositions : l'une sur la législation algérienne et l'autre sur les coutumes indigènes.

Chaque composition doit être faite en quatre heures : elle est appréciée par des chiffres variant de 0 à 20. Le candidat qui, dans l'épreuve écrite, n'a pas obtenu un minimum de 25 points, est déclaré non admissible à l'épreuve orale (art. 11).

L'épreuve orale comprend des interrogations :

1° Sur la législation algérienne ;

2° Sur les coutumes indigènes ;

3° Sur le droit musulman[1] ;

4° Sur l'histoire et la géographie des pays musulmans et plus particulièrement de l'Afrique et de l'Algérie ;

5° Sur les éléments de la langue arabe.

Chaque interrogation donne lieu à une note variant de 0 à 20 : le candidat doit, pour être admis, avoir obtenu un minimum de 50 points (art. 12 et 13).

La nullité sur l'une des matières comprises dans l'épreuve orale entraîne l'ajournement, mais cet ajournement ne peut être prononcé qu'après délibération spéciale du jury (art. 15)[2].

---

1. Il s'agit ici du droit musulman général par opposition aux coutumes diverses qui régissent les populations musulmanes de l'Algérie. On peut citer les coutumes kabyles qui ont conservé leur physionomie propre.

2. L'article 15 dit à tort que la nullité d'une épreuve écrite pour l'un ou l'autre

Ce programme contient une idée heureuse qui déjà a été appliquée dans divers pays de l'Europe : il tend à resserrer le lien qui existe entre le droit et les lettres. Cette union, devenue plus étroite, entre ces deux branches importantes de notre enseignement public, doit nécessairement être féconde : elle contribuera au renouvellement des études juridiques par l'histoire et la philosophie.

C. — *Composition du jury.* — Le jury se compose de cinq examinateurs :

1° Trois de l'École de droit ;

2° Deux de l'École des lettres.

Le directeur de l'École de droit fait partie du jury et le préside (art. 14).

D. — *Droits d'examen.* — Les droits d'examen sont les mêmes que pour le certificat de capacité en droit (art. 16).

Ce double certificat, dont la réglementation vient d'être exposée, peut à coup sûr répondre aux besoins actuels de l'administration algérienne, mais pour cela il doit recevoir son complément nécessaire. Il est indispensable que l'autorité compétente indique sans retard les emplois et fonctions pour lesquels la possession du nouveau diplôme sera désormais prescrite. Sans cette mesure, nous le répétons, la réforme deviendra lettre morte ; les jeunes gens délaisseront peu à peu un examen qui ne doit leur procurer aucun avantage sérieux. Il faut se pénétrer de cette idée, sous peine d'éprouver des déceptions dans un avenir prochain.

III.

CONCLUSIONS.

Les deux certificats qui sont établis par le décret du 8 janvier 1881 n'offrent pas le même caractère ; chacun d'eux a son utilité propre.

Le certificat simple d'études de droit administratif et de coutumes

______

certificat entraîne l'ajournement. En effet, pour le certificat supérieur, le candidat qui a fait une composition nulle n'a pas atteint un minimum de 25 points : il se trouve donc écarté pour ce seul motif. Quant au certificat simple, la question ne peut se présenter.

indigènes convient aux employés qui veulent obtenir leur avancement dans les bureaux. Au contraire, le certificat supérieur d'études de législation algérienne et de coutumes indigènes doit être exigé des fonctionnaires qui ont des rapports directs avec les populations. Nous allons, du reste, montrer quelle doit être, suivant nous, l'application de chaque diplôme.

I. — Certificat simple d'études de droit administratif et de coutumes indigènes.

Ce certificat devra être obtenu par tout candidat au grade de commis principal dans l'administration centrale ou départementale de l'Algérie. Il s'agit ici d'un changement peu considérable. En effet, dans ces dernières années, on a établi des concours qui comprennent des épreuves orales et écrites sur les matières indiquées dans le décret de 1881. Cette mesure rigoureusement appliquée devait avoir pour effet « d'assurer, au mieux de l'intérêt du service, le recrutement du per- « sonnel de la direction générale et des préfectures »[1].

II. — Certificat supérieur d'études de législation algérienne et de coutumes indigènes.

L'obtention de ce certificat devra être imposée à certains magistrats et administrateurs qui, « dans l'état actuel des choses sont souvent « jetés en plein pays arabe ou kabyle, à la merci d'un interprète ou « d'un chaouch[2], sans connaître un mot de la langue, des mœurs, des « coutumes, des populations qu'ils vont administrer et juger »[3]. Cette observation s'applique surtout aux juges de paix et aux adjoints titulaires des administrateurs.

A. — *Juges de paix.* — Ces magistrats, placés au premier degré de la hiérarchie judiciaire, ont une mission délicate et importante. C'est ainsi que leur compétence, qui en principe est celle des juges de paix

1. *État actuel de l'Algérie,* publié par ordre de M. Albert Grévy. 1879, p. 3.

2. Ce terme, dans la pratique, désigne une espèce d'huissier ou d'appariteur.

3. Proposition de loi sur l'enseignement supérieur en Algérie présentée à la Chambre des députés le 17 décembre 1877. (*Journal officiel.* Annexe de la Chambre des députés, n° 236.)

de France[1], peut être étendue, par décret, dans certains centres de population et en raison de l'éloignement du tribunal de première instance[2].

Dans les difficiles fonctions qui leur sont confiées, ils trouvent l'occasion « de montrer leur aptitude et de se faire apprécier par leurs « actes[3] », aussi parviennent-ils en général aux rangs élevés de la hiérarchie. Depuis longtemps, il y a une tendance manifeste à recruter la magistrature algérienne parmi les juges de paix, auxquels est ouvert « l'accès des tribunaux comme la récompense normale et régulière de « leurs travaux ». C'est là une idée excellente qui chaque jour fait de nouveaux progrès[4].

Tenant compte de cette situation exceptionnelle dans laquelle se trouvent les juges de paix de l'Algérie, le législateur a cru nécessaire de rendre obligatoire pour eux le diplôme de licencié en droit[5]. Cette dérogation aux lois de la métropole, qui se justifie pleinement, nous semble insuffisante. A la licence en droit il convient d'ajouter le certificat supérieur qui, supposant une étude sérieuse de la législation algérienne et des coutumes indigènes, sera à coup sûr très-profitable. Tel est le système qui seul peut assurer le bon fonctionnement des justices de paix. M. le premier président Sautayra se rangeait à cet avis, lorsqu'il disait : « La loi n'a pas encore exigé que les juges de paix « justifiassent de leur connaissance d'une législation particulière qu'ils « auront à appliquer; nous ne le demanderons pas non plus, mais « nous rangerons à part ceux qui auront obtenu le diplôme spécial « que délivre l'École de droit d'Alger, et nous trouverons même dans « l'obtention de ce diplôme et dans les études qu'il justifie, un motif « d'avancement[6]. »

---

1. Les lois du 25 mai 1838 et du 2 mai 1855 sur les justices de paix sont applicables à l'Algérie. (Ordonnance du 16 avril 1843, art. 45. — Décr. 18 juillet 1855.)

2. Décret du 19 août 1854 portant organisation de la justice en Algérie.

3. Discours de M. Sautayra, premier président. Voyez, dans le *Moniteur de l'Algérie* du 25 mai 1881, la séance solennelle de la Cour d'Alger pour l'installation du premier président.

4. « Sauf de très-rares exceptions qui me paraîtront justifiées par des services « réels rendus, j'ai l'intention de suivre rigoureusement la règle et de ne propo- « ser pour le second degré de la hiérarchie que ceux qui occupent le premier. » (Même discours.)

5. Art. 23. Ordonnance du 26 septembre 1842.

6. Discours déjà cité.

Notre manière de voir, qui sera suivie par tous les hommes pratiques, soulève cependant une objection formulée dans un document
récent : « Les études de législation algérienne et de coutumes indi-
« gènes, disait le rapporteur au Conseil supérieur de l'instruction
« publique, ne peuvent guère être faites qu'en Algérie ; elles sont la
« spécialité de l'École d'Alger. On comprend qu'on les exige des can-
« didats aux fonctions qui se recrutent habituellement sur place,
« c'est-à-dire, en Algérie ; on comprend moins qu'on les exige
« des aspirants aux fonctions publiques qui se recrutent habituelle-
« ment dans la métropole : imposera-t-on aux candidats, alors qu'ils
« ne sont encore que postulants, qu'ils aillent au préalable passer une
« année en Algérie, et se munir d'un diplôme qui ne peut être obtenu
« que là [1] ? »

M. Paul Bert, dans son exposé de motifs[2], répondait victorieusement
à cette objection qu'il pressentait. Voici en quels termes il s'exprimait :
« On pourrait décider que le licencié en droit, nommé juge de paix,
« devrait, avant d'être mis en possession d'un poste, rester à Alger, em-
« ployé du reste par le tribunal ou la cour, pendant le temps nécessaire
« pour suivre les cours de l'École en vue de l'obtention de ce diplôme
« spécial. » Ainsi, grâce à cette ingénieuse combinaison, le recrutement du personnel judiciaire ne serait pas entravé.

B. — *Adjoints titulaires.* — Auprès des administrateurs qui diri-
gent les affaires des communes mixtes[3], se trouvent des adjoints

---

1. Rapport déjà cité.

2. Exposé des motifs de la proposition de loi présentée à la Chambre des
députés le 17 décembre 1877. (*Officiel.* Annexe de la Chambre des députés, n° 206.)

3. Les communes mixtes sont les circonscriptions dans lesquelles la population
indigène est dominante, et où la population européenne commence à fonder
quelques établissements sous la protection spéciale de l'administration et du
commandement. Il y a des communes mixtes dans le territoire civil et militaire.
Elles sont formées de centres européens en voie de peuplement, de tribus et
d'un certain nombre de douars-communes, c'est-à-dire de tribus ou fractions de
tribus ayant subi, pour la plupart, l'application des deux premières opérations du
sénatus-consulte du 22 avril 1863. (Délimitation des territoires, leur répartition
entre les différents douars de chaque tribu.) Au 31 décembre 1878, l'Algérie
comprenait 59 communes mixtes, dont 42 en territoire civil. (*État actuel de l'Algérie,* publié par ordre de M. Albert Grévy, p. 4, 5, 6, 7.)

L'extension donnée au territoire civil, dans ces derniers temps, comporte la
création de 42 communes mixtes, nouvelles et l'agrandissement de 11 communes
existantes. (*Revue générale d'administration,* numéro d'octobre 1880, p. 242 et s.)

titulaires[1]. Ces fonctionnaires[2], qui deviennent parfois des suppléants, ont toutes les attributions qui leur sont déléguées par l'administrateur; ils sont, par exemple, chargés de tenir les registres de l'état civil[3]. De plus, dans les instructions administratives ou judiciaires, on tend à leur reconnaître spécialement certaines fonctions et notamment les attributions d'officier de police judiciaire et de ministère public près le tribunal de simple police[4].

Pour s'acquitter avec intelligence de ces devoirs multiples, il est indispensable d'avoir étudié les lois de la métropole et de l'Algérie. Et cependant, quelles conditions sont imposées à ces adjoints titulaires qui un jour seront appelés au poste d'administrateur? On leur demande simplement la connaissance de la langue arabe[5]. Il y a là une lacune évidente qu'il faut promptement combler. Nous pensons que les fonctions d'adjoint titulaire doivent être exclusivement confiées à ceux qui sont pourvus de la licence en droit et du certificat supérieur. Du reste, afin d'écarter les difficultés que pourrait faire naître l'application du principe nouveau, il conviendrait d'attacher aux divers services de la direction générale les adjoints stagiaires[6] qui voudraient se préparer aux épreuves du diplôme spécial.

Il reste à voir si le double certificat doit être maintenu tel qu'il a été organisé par le décret du 8 janvier 1881. Nous pensons qu'il se-

---

1. Les adjoints titulaires, qui se distinguent des adjoints stagiaires, ont été organisés par arrêté du Gouverneur général en date du 22 mars 1872, et réorganisés par un arrêté du 30 décembre 1876. Il ne faut pas confondre l'adjoint dont nous parlons avec l'adjoint préposé aux sections de commune mixte.

2. Le cadre des adjoints titulaires a été fixé par arrêté du Gouverneur général du 31 décembre 1877, et définitivement constitué par arrêté du 31 août 1880. Il y a trois classes d'adjoints titulaires dont le traitement varie entre 2,700 fr. pour la 1re classe et 2,100 fr. pour la 3e classe.

3. L'administrateur se réserve tout ce qui concerne la colonisation.

4. Circulaire du 24 septembre 1877.

5. Les conditions requises pour être adjoint titulaire sont contenues dans l'arrêté du 30 décembre 1876, qui est encore en vigueur, à l'exception toutefois de l'article 4, relatif au traitement et aux classes, qui a été remplacé par l'arrêté du 31 août 1880.

6. Les adjoints stagiaires ont été créés par l'arrêté du 31 août 1880. La loi de finances du 17 juillet 1880 a consacré cette institution en ouvrant au budget du ministère de l'intérieur les crédits nécessaires à son fonctionnement. A propos de cette création, M. Thomson, rapporteur du budget, disait : « Nous proposons « d'établir dans le personnel des communes mixtes une sorte de stage, de créer « des adjoints stagiaires qui serviraient d'agents supplémentaires et faciliteraient « le recrutement. »
Il y a deux classes d'adjoints stagiaires, dont le traitement varie de 1,800 fr. pour la 1re classe à 1,500 fr. pour la seconde.

rait avautageux d'apporter quelques modifications au certificat supérieur d'études de législation algérienne et de coutumes indigènes. Ne pourrait-on pas, par exemple, simplifier le programme en le restreignant aux matières qui concernent exclusivement l'Algérie et qui sont les suivantes :

1° Législation algérienne ;
2° Coutumes indigènes ;
3° Histoire et géographie de l'Algérie ;
4° Éléments de langue arabe ?

Ainsi comprise, la réforme administrative que nous venons d'esquisser à grands traits, donnera satisfaction aux vœux de la colonie et sera peut-être imitée un jour par la métropole !

Nancy, imprimerie Berger-Levrault et C⟨ie⟩.

DICTIONNAIRE

DE

L'ADMINISTRATION

FRANÇAISE

PAR

M. MAURICE BLOCK

MEMBRE DE L'INSTITUT

AVEC LA COLLABORATION DE MEMBRES DU CONSEIL D'ÉTAT, DE LA COUR DES COMPTES
DE DIRECTEURS ET CHEFS DE SERVICE DE DIVERS MINISTÈRES, ETC.

NOUVELLE ÉDITION

ENTIÈREMENT REFONDUE, AUGMENTÉE ET MISE A JOUR (1877)

Un volume in-8° de xv-1856 pages, renfermant la valeur de 28 volumes ordinaires
Prix, broché, **30** fr. ; relié en demi-chagrin, plats toile, **34** fr. **50** c.

SUPPLÉMENT ANNUEL

I. Novembre 1878, in-8°, même format que le Dictionnaire. Prix, **2** fr. **50** c.
II. Novembre 1879,   —   —   —   Prix, **2** fr. **50** c.
III. Novembre 1880   —   —   —   Prix, **2** fr. **50** c.
IV. Novembre 1881.   —   —   —   Prix, **2** fr. **50** c.

LIBRAIRIE ADMINISTRATIVE DE BERGER-LEVRAULT ET Cie

Manuel électoral. Guide pratique de l'électeur et du maire, comprenant les élections municipales, départementales, législatives, etc., par GUERLIN DE GUER, chef de division à la préfecture du Calvados. 1880. Un volume in-12 de 378 pages, broché. **3 fr. 50 c.**
Relié en percaline. . . . . **4 fr. 50 c.**

Loi sur la liberté de réunion, promulguée le 30 juin 1881, accompagnée d'extraits des délibérations des Chambres et de notes, par GUERLIN DE GUER. 1881. In-12, br. **50 c.**

Petit Dictionnaire d'administration communale, par A. SOUVIRON, chef de division à la préfecture de la Seine. 1880. 1 vol. in-12, broché, 1 fr. 50 c.; relié en percale. **2 fr.**

Guide manuel de l'officier de l'état civil. Instructions pratiques suivies d'un grand nombre de formules, par L. A. LEMPFRIT DE SAINT-VENANT, juge de paix, 1880. In-12, broché. . . . . **1 fr. 50 c.**

Manuel du candidat au commissariat de surveillance administrative des chemins de fer, rédigé conformément aux programmes officiels, par A. LAPLAICHE. 1880. 1 vol. in-12, broché, 4 fr. Relié en percaline . . . . **5 fr.**

Le Tarif des douanes et le prix du blé, par Jules LIÉGEOIS, professeur de droit à la Faculté de droit de Nancy. 1881. Gr. in-8°, broché. . . . . **1 fr.**

Le Domaine de la statistique, par C. E. BOURDIN, président de la Société de statistique de Paris. 1881. Gr. in-8°, broché. . . . . **75 c.**

Projet de création d'une caisse de prévoyance des fonctionnaires civils, par Jules LIÉGEOIS, professeur à la Faculté de droit de Nancy. 1881. Gr. in-8°, broché. . **1 fr.**

Les Commissions administratives des hospices et des bureaux de bienfaisance, par Louis PUIBARAUD, sous-chef au ministère de l'intérieur, 1881. Gr. in-8°, br. **1 fr. 25 c.**

Principes de l'assistance publique en France. Règles du domicile de secours, par Élie DE BIRAN. 1881. Gr. in-8°, broché. **75 c.**

De la Protection des nouveau-nés. Sociétés de charité maternelle. Crèches. Sociétés protectrices de l'enfance. Loi de protection des enfants du premier âge, par E. GUIGNARD. 1881. Gr. in-8°, broché . . . . **75 c.**

Les Débits de boissons, par E. GUERLIN DE GUER, chef de division à la préfecture du Calvados. 1881. Gr. in-8°, broché. . . . . **75 c.**

Étude sur la naturalisation en Algérie, par E. ROUARD DE CARD, professeur à l'École de droit d'Alger. 1881. Gr. in-8°, broché. . . . . **1 fr.**

De la Légalisation des signatures par les maires, par H. MORGAND, rédacteur au ministère de l'intérieur. 1881. Gr. in-8°, broché. . . . . **2 fr.**

Du Pouvoir réglementaire, par Camille BAZILLE, avocat à la Cour d'appel de Paris. 1881. Gr. in-8°, broché. . . . . **75 c.**

Les Cloches au point de vue séculier. Attributions des maires, par Alp. COLAS, secrétaire en chef de la sous-préfecture de Cambrai. 1881. Gr. in-8°, broché. . . . . **75 c.**

Des Conflits d'attributions, par A. POISSON, conseiller de préfecture. 1880. 1 volume in-8°, broché . . . . **3 fr.**

Des Créations de communes. Étude sur les communes créées de 1869 à 1879, par P. GÉRARD, rédacteur au ministère de l'intérieur. 1880. In-8°, broché. . **1 fr. 25 c.**

Des Changements de nom de communes, par P. GÉRARD, rédacteur au ministère de l'intérieur. 1880. Gr. in-8°, broché . . . . **1 fr.**

De la Responsabilité pécuniaire de l'État par le fait de ses agents, par Camille BAZILLE, avocat à la Cour de Paris. 1880. Gr. in-8°, broché. . . . . **75 c.**

La Législation sur le droit de réunion en France, par L. PUIBARAUD, sous-chef au ministère de l'intérieur. 1880. In-8°, broché. . . . . **1 fr. 25 c.**

La Comptabilité publique, par J. SALMON, employé au ministère de l'intérieur. 1880. Gr. in-8°, broché. . . . . **1 fr.**

Revue générale d'administration, publiée sous les auspices du ministère de l'intérieur, paraissant en 12 livraisons mensuelles, à partir du 20 janvier de chaque année. — 1881, 4e année. — Chaque livraison comprend 8 feuilles de texte gr. in-8° (128 pages), chaque année forme 3 volumes avec tables et couvertures.

Prix de l'abonnement: Paris: Un an. **30 fr.**
Départements et Union postale: Un an . . . . **33 fr.**

Nancy, impr. Berger-Levrault et Cie.

www.ingramcontent.com/pod-product-compliance
Lightning Source LLC
Chambersburg PA
CBHW061633050726
47595CB00007B/3196